AFIRMAÇÕES CIENTÍFICAS DE CURA

Paramhansa Yogananda

AFIRMAÇÕES CIENTÍFICAS DE CURA

Tradução
Felipe de Gusmão Riedel

Editora
Pensamento
SÃO PAULO

Título do original: *Scientific Healing Affirmations*.
Copyright © 2021 por Hansa Trust.
Publicado originalmente por Crystal Clarity, Publishers, 14618 Tyler Foote Road, Nevada City, CA 95959, Tel.: 530.4787600, www.crystalclarity.com.
Copyright da edição brasileira © 2023 Editora Pensamento-Cultrix Ltda.
1ª edição 2023.

Todos os direitos reservados. Nenhuma parte deste livro pode ser reproduzida ou usada de qualquer forma ou por qualquer meio, eletrônico ou mecânico, inclusive fotocópias, gravações ou sistema de armazenamento em banco de dados, sem permissão por escrito, exceto nos casos de trechos curtos citados em resenhas críticas ou artigos de revista.

A Editora Pensamento não se responsabiliza por eventuais mudanças ocorridas nos endereços convencionais ou eletrônicos citados neste livro.

Editor: Adilson Silva Ramachandra
Gerente editorial: Roseli de S. Ferraz
Gerente de produção editorial: Indiara Faria Kayo
Preparação de originais: Danilo Di Giorgi
Editoração eletrônica: S2 Books

Dados Internacionais de Catalogação na Publicação (CIP)
(Câmara Brasileira do Livro, SP, Brasil)

Yogananda, Paramhansa, 1893-1952
 Afirmações científicas de cura / Paramhansa Yogananda ; tradução Felipe de Gusmão Riedel. -- São Paulo : Editora Pensamento, 2023.

 Título original: Scientific healing affirmations : theory and practice of concentration.
 Bibliografia.

 ISBN 978-85-315-2262-8

 1. Autocura 2. Cura pela mente 3. Meditação - Uso terapêutico 4. Mente e corpo 5. Novo Pensamento I. Título.

22-138558   CDD-615.8528

Índices para catálogo sistemático:
1. Poder de cura : Meditação : Terapias alternativas 615.8528
Inajara Pires de Souza - Bibliotecária - CRB PR-001652/O

Direitos de tradução para o Brasil adquiridos com exclusividade pela
EDITORA PENSAMENTO-CULTRIX LTDA., que se reserva a
propriedade literária desta tradução.
Rua Dr. Mário Vicente, 368 – 04270-000 – São Paulo – SP – Fone: (11) 2066-9000
http://www.editorapensamento.com.br
E-mail: atendimento@editorapensamento.com.br
Foi feito o depósito legal.

*Dedicado a meu guru deva
Sreemat Swami Sriyukteswarji
com amor sincero, reverência e devoção.*

Sumário

O poder espiritual da palavra do homem 9
O poder de Deus concedido ao homem 11
Responsabilidade mental para doenças crônicas 15
O que cura? 19
Cura de acordo com o temperamento 21
Dois fatores relacionados à cura 25
A fé é mais importante que o tempo 27
Classificação das curas 29
Como prevenir doenças físicas 31
Como prevenir doenças da mente 35
Como prevenir doenças espirituais 37
Avaliação de métodos de cura 39
Consciência e vibração 43
Diferença entre matéria e espírito 45
Corpo e consciência criados pelo homem no estado onírico 47
Mundo da ilusão 49
Ponto de unificação das curas médicas e mentais 51
O perigo da negação cega da matéria 53
O corpo como vibração materializada 55

A prática das afirmações 57

Os diferentes estados dos cânticos 59
Superconsciência não é o mesmo que inconsciência 61
Centros fisiológicos 63

O valor de diferentes métodos de cura 65
Instruções para a prática individual ou em grupo 67
Regras preliminares a serem observadas antes das afirmações 71
Afirmação geral de cura 73
Afirmações curtas 79
Afirmação do pensamento 83
Afirmação da força de vontade 85
Guia para o desenvolvimento e orientação correta da razão para curar a inteligência esgotada 87
Afirmação da razão 89
Afirmações curtas 91
Afirmação de sabedoria 93
Afirmações curtas 97
Afirmações de sucesso (para curar uma consciência fracassada) .. 101
Afirmação para o sucesso material 103
Afirmações curtas 105
Sucesso espiritual 107
Afirmação para o sucesso espiritual (para curar a ignorância da alma) 109
Afirmações curtas 111
Curando outros 113
Afirmação para o sucesso psicológico 115
Afirmação para os olhos 117
Exercício físico para o estômago 121
Exercício para os dentes 123
Para regular a força sexual 125
Para curar maus hábitos 129
Afirmação de liberdade 131
Afirmações curtas 133

O poder espiritual da palavra do homem

A PALAVRA DE UM HOMEM é seu espírito. Palavras são sons criados pela vibração dos pensamentos. Os pensamentos são vibrações enviadas pelo ego ou pela alma. Cada palavra que sai da sua boca deve ser potente, com uma genuína vibração da alma. Não há vida nas palavras da maioria das pessoas porque elas são ditas de forma automática, sem o poder da força da alma. A tagarelice, o exagero ou a mentira fazem com que as palavras se transformem em balas disparadas por uma arma de brinquedo, sem pólvora. É por isso que as orações ou palavras de tais pessoas não produzem as mudanças desejadas. Cada palavra pronunciada por você deve representar não apenas a Verdade, mas também um pouco da força da sua alma. Palavras sem a força da alma são como palhas de milho sem os grãos.

Palavras repletas de sinceridade, convicção, fé e intuição são como bombas vibratórias, capazes de explodir as rochas da dificuldade e produzir as mudanças desejadas. Evite falar palavras desagradáveis, ainda que sejam verdadeiras.

Palavras ou afirmações sinceras, repetidas com compreensão, sentimento e força de vontade, certamente acionarão a onipresente Força Vibratória Cósmica para ajudá-lo em suas dificuldades. Apele para essa Força com infinita confiança, eliminando toda a dúvida. Sua atenção se desvia do propósito quando suas afirmações são ditas com descrença ou apenas visando resultados específicos. Depois de semear a vibração da sua oração no solo da Consciência Cósmica, não fique desenterrando a semente para verificar se ela germinou ou não.

O poder de Deus concedido ao homem

É IMPORTANTE LEMBRARMOS QUE NÃO há nada mais poderoso do que a Consciência Cósmica, ou Deus. O poder da Consciência Cósmica é maior do que o poder da sua mente ou da mente dos outros. Assim, você deve buscar apenas a ajuda dessa Força. Isso não significa que deva se tornar passivo, inerte ou crédulo, ou que deva minimizar o poder de sua mente. Lembre-se: Deus ajuda aqueles que se ajudam. Ele lhe deu força de vontade, concentração, fé, razão e bom senso para serem usados e para ajudá-lo a se curar. Use todos esses poderes quando procurar por ajuda divina, mas, ao fazer uso da sua força de vontade ou bom senso para se livrar de uma dificuldade ou doença, não confie nem se apoie totalmente no seu ego, desconectando-se, assim, da Força Divina. Durante afirmações ou vibrações de oração, sempre sinta que você está usando seu *próprio poder*, mas que se trata de um poder que foi *dado por Deus*, para curar a si mesmo ou aos outros. Sempre acredite que não é apenas Deus, mas você também, como Seu filho amado, usando sua força de vontade, razão etc. dados por Deus para transpor as dificuldades da vida. É preciso encontrar um equilíbrio entre o entendimento antigo, segundo o qual devemos depender totalmente de Deus, e o entendimento moderno, que prega que devemos depender totalmente do ego.

A atitude da mente deve ser diferente de acordo com as diferentes afirmações. Por exemplo, afirmações relacionadas à vontade devem ser acompanhadas por força de vontade, afirmações relacionadas ao sentimento devem ser acompanhadas por devoção, afirmações relacionadas à razão devem ser acompanhadas pela inteligência e pela devoção, afirmações relacionadas à imaginação devem ser acompanhadas por firme fantasia e fé. Para curar outras pessoas, selecione uma afirmação que seja adequada ao temperamento conativo, imaginativo, emocional ou reflexivo de seu paciente. Em todas as afirmações, a intensidade da atenção é a coisa mais importante, mas a continuidade e a repetição também são necessárias. Impregne suas afirmações com devoção, força de vontade e fé, de forma intensa e repetida, sem se importar com os resultados. Os resultados *virão* naturalmente, como fruto do seu trabalho.

Durante o processo de cura do corpo, a atenção deve estar concentrada na mente, não na realidade da doença, o que sufoca a fé. Nos processos de cura para dificuldades mentais, como medo, raiva, maus hábitos, consciência do fracasso ou nervosismo, o foco deve estar na qualidade mental oposta. Por exemplo, a cura para o medo é cultivar a consciência da coragem; para a ira, a paz; para a fraqueza, a força; para a doença, a saúde.

Responsabilidade mental para doenças crônicas

AO BUSCAR A CURA para uma doença física ou mental, frequentemente nos concentramos mais no poder de opressão das emoções resultante da doença do que na possibilidade de cura, o que faz com que a doença se transforme em um hábito mental e físico. Isto se torna ainda mais verdadeiro no caso de doenças ligadas a crises nervosas, quando a doença ainda pode continuar manifestando certos efeitos mesmo após a cura. Cada atividade física ou sensação corporal relacionada à doença ou à saúde abre sulcos nas células cerebrais, que despertam certas tendências para a doença ou para a saúde.

O hábito subconsciente da doença ou da saúde exerce forte influência na continuidade dos problemas crônicos. Doenças mentais ou físicas crônicas sempre têm uma raiz profunda na mente subconsciente. Devemos arrancar as raízes do distúrbio mental ou físico da mente subconsciente. É por isso que todas as afirmações praticadas pela mente consciente devem ser *fortes o bastante* para se consolidarem como hábitos mentais na mente subconsciente. Esses hábitos subconscientes, por sua vez, influenciam de maneira automática a mente consciente. Uma afirmação consciente intensa reage na mente e no corpo por meio do subconsciente.

Vontade consciente ou afirmações de devoção ainda mais fortes atingem não apenas o subconsciente, mas também o superconsciente, o depósito mágico (ou a fábrica) de todos os poderes mentais milagrosos.

As afirmações individuais devem ser praticadas com força de vontade, sentimento, inteligência e devoção, de vez em quando em voz alta (quando não houver pessoas por perto), mas principalmente mentalmente (sem nem mesmo um sussurro), com intensidade cada vez maior de atenção e continuidade. A atenção, desde o início da afirmação, deve aumentar de forma constante, sem nunca permitir que esmoreça. A atenção vacilante, como a de uma criança rebelde, deve ser trazida de volta repetidas vezes e treinada com paciência para realizar a tarefa que lhe foi dada.

As afirmações com o objetivo de atingir o superconsciente devem estar isentas de todas as incertezas, dúvidas e desatenção. A atenção e a devoção são luzes que podem guiar ao subconsciente e ao superconsciente até mesmo as afirmações ditas sem a plena compreensão do seu significado. Quanto maior o poder de atenção e devoção, mais longe eles podem conduzir as vibrações de diferentes afirmações para seu destino: o subconsciente ou o superconsciente.

Há um outro fator que deve sempre ser levado em conta: embora a morte possa ser o fim necessário do corpo de acordo com o conhecimento humano atual, ela não tem tempo fixo. O momento em que ela ocorre pode ser modificado ou alterado pelo poder superconsciente da alma.

A repetição atenta e inteligente e a paciência criam hábitos. Como tal, devem ser empregadas em todas as afirmações. Para curar aflições mentais ou corporais crônicas, essas afirmações profundas e continuadas devem ser praticadas mentalmente até que se tornem quase parte de nossas convicções intuitivas – ignorando totalmente os resultados inalterados ou contrários (caso ocorram). É melhor morrer (se a morte tiver que vir) com a convicção de estar curado do que com a consciência de que uma doença mental ou física é incurável.

O que cura?

MEDICAMENTOS, MASSAGENS, AJUSTES DAS vértebras e impulsos elétricos ajudam a recuperar a perda de harmonia das células, seja pela ação química sobre o sangue ou pelo estímulo sobre certos tecidos. Tratam-se de métodos externos que às vezes auxiliam a energia vital a realizar a cura, mas que não têm o poder de agir sobre um corpo morto, do qual a energia vital desapareceu. Não há como um homem morto se beneficiar das propriedades da medicina ou das correntes elétricas. Sem a energia vital, os medicamentos não têm efeito sobre o corpo humano. Assim, percebe-se que é apenas a energia vital que pode efetuar a cura. Todos os métodos externos de estimulação só podem cooperar com a energia vital, e todos eles são impotentes sem ela.

Cura de acordo com o temperamento

IMAGINAÇÃO, RAZÃO, FÉ, EMOÇÃO ou sentimento, força de vontade e conação podem ser empregados de acordo com a natureza imaginativa, intelectual, emocional ou conativa específica do indivíduo. Poucas pessoas sabem disso. Coué[*] quer curar todas as pessoas por autossugestão. Mas o doente do tipo intelectual não é suscetível à sugestão e só pode ser influenciado por uma discussão metafísica acerca do poder da consciência sobre o corpo. Ele precisa compreender mentalmente o poder da mente sobre o corpo. Se ele conseguir entender, por exemplo, que bolhas na pele podem ser produzidas pela hipnose, como William James aponta, em *Princípios de Psicologia*, ele consegue entender o poder da mente para curar doenças. Se a mente pode produzir problemas de saúde, também pode produzir saúde.

A autossugestão também não tem poder sobre uma pessoa com muita força de vontade. É a sua força de von-

---

[*] Émile Coué (1857–1926) – psicólogo e farmacêutico francês contemporâneo de Yogananda que criou um método de psicoterapia baseado na autossugestão consciente. (N. do P.)

tade, e não a imaginação, que deve ser estimulada para que ela seja curada.

Há um caso conhecido de uma pessoa com problemas emocionais que havia perdido o poder da fala, mas que o recuperou após sair correndo de uma casa em chamas. O choque repentino produzido pela visão do fogo estimulou tanto seus sentimentos que ela gritou: "Fogo! Fogo!" – sem se dar conta de que não conseguia mais falar. Uma forte emoção supera o poder do hábito subconsciente da doença mental. Essa história ilustra o poder da *atenção intensa*, que deve ser usado em conexão com as afirmações para curar doenças do corpo.

Durante minha primeira viagem de navio a vapor da Índia a Colombo, no Sri Lanka, fui subitamente acometido por um enjoo e expeli o valioso conteúdo do meu estômago. Fiquei muito ressentido com a experiência porque a doença me surpreendeu quando eu estava desfrutando da minha primeira experiência de um quarto flutuante (a cabine) em uma aldeia navegante. Decidi nunca mais ser enganado dessa forma. Plantei meu pé firmemente no chão e ordenei à minha mente que nunca mais aceitasse a experiência do enjoo. Mais tarde, fiquei na água por cinquenta dias, vindo de Calcutá para Boston, por um mês indo para o Japão e por vinte e seis dias entre Seattle e o Alasca, ida e volta. Apesar disso, nunca mais fiquei enjoado, mesmo em mares muito agitados, que fizeram com que quase todas as outras pessoas a bordo padecessem do problema.

Força de vontade, imaginação, razão ou sentimentos não podem, por si só, efetuar uma cura física. Eles apenas funcionam (de acordo com as diferentes personalidades de cada pessoa) como agentes que podem estimular o despertar da energia vital para curar uma determinada doença. Se a força de vontade ou a imaginação for continuamente estimulada em um caso de paralisia do braço, por exemplo, a energia vital de repente fluirá para os canais nervosos doentes, curando os tecidos e o braço paralisado. A repetição das afirmações deve ser *firme* e *contínua* para que a força de vontade e a imaginação tenham a força necessária para estimular a energia vital não controlada ou inativa.

O Yogoda* ensina, por meio de sua arte de concentração e meditação e pelo controle da força de vontade, a usar essa Corrente de Vida diretamente para curar a si mesmo e aos outros. Ninguém deve minimizar a importância de esforços *repetidos e cada vez mais profundos* de afirmações de força de vontade ou de imaginação apresentadas neste livro para curar maus hábitos e problemas mentais ou físicos.

॰ೂ॰

---

* O sistema de yoga que Yogananda popularizou. Inclui seus exercícios de energização, a técnica de concentração *Hong-Sau*, a técnica *AUM* e o Kriya Yoga. (N. do E. da edição original)

Dois fatores relacionados à cura

AO PLANTAR UMA ÁRVORE, duas coisas devem ser consideradas: a semente adequada e o solo fértil. O mesmo vale para a cura de doenças, na qual dois fatores precisam ser levados em consideração: o poder do agente de cura e a receptividade do paciente, que deve responder às vibrações do agente de cura.

"Logo Jesus, conhecendo que a Virtude [ou seja, o poder curativo] de si mesmo saíra" e "tua fé te curou" são passagens bíblicas relacionadas a Jesus que mostram que, para a cura, são necessários tanto o poder do agente de cura quanto a fé da pessoa a ser curada.

A fé é mais importante que o tempo

A CURA INSTANTÂNEA DE DOENÇAS físicas, mentais e espirituais pode ocorrer a qualquer momento. A escuridão acumulada por eras é dissipada totalmente no momento em que há luz. Ela não acontece quando se tenta expulsar a escuridão. Nunca sabemos quando seremos curados, por isso não espere que algo ocorra imediatamente, nem que vá demorar para acontecer. A fé, e não o tempo, determinará o momento da cura. Os resultados dependem do despertar correto da Energia Vital e do estado mental e subconsciente do indivíduo. A Energia Vital não pode ser despertada onde há descrença. A descrença impede o trabalho do Médico Divino, Arquiteto do Corpo e Operário Perfeito.

Esforço e atenção são absolutamente fundamentais para despertar a fé, a força de vontade ou a imaginação e, quando estimulados, impulsionam automaticamente a Energia Vital para que ela se encarregue da cura. O desejo ou expectativa de resultados enfraquece a atenção. Sem força de vontade, ou fé, a Energia Vital permanece adormecida e a cura não é possível.

Leva tempo para que a força de vontade, a fé ou a imaginação enfraquecida sejam despertadas em um paciente que sofre de um problema crônico, porque suas células cerebrais estão marcadas com a consciência do problema. Da mesma maneira que é preciso tempo para que um mau hábito de consciência da doença se estabeleça, também precisamos de tempo para estabelecer um bom hábito de consciência da saúde.

Classificação das curas

1. **CURA** de doenças *físicas*.
2. **CURA** de doenças *psicológicas*, como medo, raiva, maus hábitos, consciência do fracasso, falta de iniciativa e de confiança.
3. **CURA** de doenças *espirituais*, como ignorância, indiferença, vida sem propósito, orgulho intelectual, dogmatismo, ceticismo, materialismo, ignorância das leis da vida e da própria divindade.

É de suma importância que se dê igual ênfase à prevenção e à cura dos três tipos de doenças de forma simultânea, pois todas causam sofrimento e devem ser remediadas por todos os métodos adequados de cura.

A atenção da maioria das pessoas está fixada apenas na cura de doenças *físicas*, porque são mais tangíveis. As pessoas não percebem que seus problemas da mente, como o medo, o desespero, o luto, a preocupação, a raiva, a falta de autocontrole e o sofrimento espiritual decorrente, que se dá pela ignorância do significado da vida humana, são ainda mais importantes e avassaladores. Todas as doenças físicas se originam da desarmonia mental e espiritual. O desconhecimento das leis da higiene mental e da arte espiritual de viver são responsáveis por todo sofrimento físico e material humano. Nenhuma doença ou carência material pode se manifestar se a alma estiver livre da ignorância e a mente estiver livre das bactérias mentais da raiva, da preocupação e do medo, entre outras.

Não queremos ficar doentes física, mental ou espiritualmente. Não precisamos de remédios nem de cura mental ou espiritual se estivermos bem. Por causa da ignorância, quebramos as leis da harmonia, segundo as quais o corpo foi perfeitamente criado pelo Espírito. Então, buscamos métodos de cura. Queremos estar sempre saudáveis e, para isso, toda a nossa concentração deve ser direcionada para a prevenção de doenças físicas, mentais e espirituais.

⁂

Como prevenir doenças físicas

OBEDEÇA ÀS LEIS MATERIAIS DE DEUS. Não coma demais. Muitos cavam suas covas com garfos e facas. Poucos morrem de fome; muitos morrem por causa da ganância.

Obedeça às leis divinas da higiene. A higiene mental, que tem como objetivo manter a mente pura, é superior à higiene física, mas esta última é muito importante e não deve ser negligenciada. Mas não viva refém das leis de higiene a ponto de se perturbar com o menor desvio de seus hábitos.

Previna o desperdício de energia do corpo fazendo as atividades corretas. Conserve sua energia física e tenha um suprimento inesgotável de Corrente de Vida por meio das práticas do Yogoda.

Carregue as células do corpo com Energia Vital com os métodos do Yogoda.

Previna o entupimento das artérias fazendo os exercícios adequados.

Evite o excesso de trabalho do coração. Emoções como medo e raiva aumentam o batimento cardíaco. Reduza o batimento cardíaco ou o esforço do coração mantendo a calma. Dê descanso ao coração com o método Yogoda. Cultive a paz e o relaxamento.

Se estimarmos em 115 gramas a quantidade de sangue expelida por cada contração dos ventrículos do coração, o peso do sangue movimentado durante um minuto será de 8 quilos. Em um dia, serão cerca de 12 toneladas e, em um ano, 4 mil toneladas. Esses números indicam o enorme esforço realizado pelo coração. Todos os outros órgãos do corpo trabalham durante o dia e descansam à noite, durante o sono. Mas o coração funciona mesmo durante o sono. A ciência médica afirma que o coração descansa durante o período de expansão da diástole, totalizando cerca de nove horas das vinte e quatro horas do dia. Esse período, porém, não é de repouso, mas apenas de preparação para o movimento da sístole. Uma vez que as vibrações causadas pela contração dos ventrículos reverberam através dos tecidos do coração durante seu relaxamento, não se pode dizer que o coração está em repouso nesse momento.

Esse esforço do coração, todos os dias e todas as noites, causa um grande desgaste, uma decadência continua, até o ponto em que o coração está completamente esgotado e a morte ocorre. Aprenda a dormir o grande sono (a experiência consciente da morte), que proporciona o repouso de todos os órgãos de movimento involuntário, inclusive o coração. O controle sobre a morte vem quando a pessoa é capaz de controlar e interromper conscientemente o movimento do coração. A sensação de descanso e de energia renovada que o corpo experimenta por conta do sono é apenas uma pequena indicação da maravilhosa calma e força que advém do *sono consciente*, onde até o coração descansa. São Paulo diz, em I Coríntios, 15,31: "Diariamente estou exposto à morte, tão certo, irmãos, quanto vós sois a minha glória em Jesus Cristo nosso Senhor." Isto é, a paz que vem com a consciência de Cristo e que repousa (que para) o coração. Naquela época bíblica, essa grande verdade científica da possibilidade de descansar o coração e alcançar a imortalidade era conhecida. Alguns anos atrás, na Índia, um yogue chamado Sadhu Haridas foi enterrado por cinco meses sob a supervisão constante de médicos europeus. Ao final desse tempo, ele retomou a respiração e voltou à vida normal. Ele havia dominado a arte de controlar e descansar o coração.

Como prevenir doenças da mente

CULTIVE A PAZ E A FÉ na Consciência Cósmica. Liberte sua mente de todos os pensamentos perturbadores e encha-a de equilíbrio e alegria. Tome consciência da superioridade da cura mental sobre a cura física. Cuide para não adquirir maus hábitos, que podem deixar sua vida insuportável.

Como prevenir doenças espirituais

APRENDA A ESPIRITUALIZAR o corpo, destruindo a consciência da mortalidade e da mudança. O corpo é vibração materializada e deve ser conhecido como tal. A noção de que a doença ou a morte podem afetar o corpo deve ser eliminada, por meio da compreensão científica das leis unificadoras referentes à matéria e ao Espírito, bem como da manifestação ilusória do Espírito como matéria. Acredite firmemente que você foi criado à imagem do Pai e, portanto, é imortal e perfeito, assim como Ele o é. Se cada partícula de matéria é indestrutível,* como a ciência provou, então a alma também é indestrutível. A matéria sofre mudanças, a alma passa por experiências mutáveis. Todas as mudanças são chamadas de morte, mas a morte ou mudança da forma de algo não muda nem destrói sua *essência*.

---

* Hoje é sabido que o átomo não é indestrutível. Esse processo chama-se fissão nuclear e é por meio dele que as usinas nucleares produzem energia ou que uma bomba atômica explode em reação de cadeia. Um átomo é formado por elétrons, prótons e neutros e esses dois últimos são formados respectivamente por quarks e glúons. (N. do T.)

Aplique à sua vida diária as experiências de paz e equilíbrio recebidas durante a concentração e a meditação. Mantenha seu equilíbrio em meio a circunstâncias difíceis e permaneça inabalável diante de emoções violentas ou eventos adversos. Existem várias metodologias de concentração e meditação, mas o Yogoda, baseado em métodos Vito-Psico-Físicos, é o melhor.

Avaliação de métodos de cura

A DOENÇA É GERALMENTE CONSIDERADA resultado de causas materiais externas. Poucos percebem que ela é causada pela inação da Força Vital interior. Quando uma célula ou algum tecido, que são veículos da Energia Vital, é de alguma forma afetado, essa a Energia Vital se retira do local e o problema tem início. Remédios, massagens e impulsos elétricos ajudam a estimular a célula para induzir o retorno da Energia Vital inativa e para que ela retome seu trabalho reparador.

Não devemos ser extremistas; devemos adotar quaisquer métodos de cura que sejam adequados de acordo com a convicção individual. Um fato deve ser lembrado: remédios, alimentos e venenos têm uma ação química definida sobre o corpo. Se nos alimentamos comendo, por que negar que os remédios ou outros auxílios materiais também têm efeito sobre o corpo? Eles são úteis desde que a consciência material esteja presente. Mas eles têm limitações, pois são aplicados de fora para dentro. Os melhores métodos são aqueles que ajudam a Energia Vital interna a retomar sua atividade de cura.

Os medicamentos ajudam quimicamente o sangue e os tecidos. O uso de dispositivos elétricos também é benéfico. Mas nem os remédios nem a eletricidade são capazes de curar as doenças. Eles só conseguem estimular ou atrair a Energia Vital de volta para a parte negligenciada do corpo doente. Portanto, a introdução de um elemento estranho (seja ele remédio, eletricidade ou qualquer outra ajuda externa) é indesejável se pudermos usar diretamente a Energia Vital para curar, sem o emprego de qualquer agente intermediário.

Na massagem, na osteopatia, na quiropraxia e nas posturas de yoga, não há nenhum tipo de agente externo. Esses métodos permitem remover ou aliviar a congestão nos nervos ou vértebras e permitir o livre fluxo da Energia Vital.

Mas a cura mental é superior a todos os métodos de cura física, porque a força de vontade, a imaginação e a fé são diferentes fases da consciência que agem diretamente no nosso organismo. São as forças motrizes que estimulam e direcionam a Energia Vital para realizar qualquer tarefa.

Portanto, vemos que tanto os métodos físicos quanto os métodos mentais de cura são úteis apenas na medida em que são capazes de influenciar e despertar a Energia Vital. É a Energia Vital que vai curar, e o método que exerce maior influência sobre a Energia Vital é o método superior. O sistema Yogoda ensina a controlar e direcionar sua força de vontade para auxiliar a energia vibratória vital em qualquer parte do corpo. Nem os métodos de físicos nem a cura mental podem se igualar aos maravilhosos resultados do Yogoda, que emprega diretamente a força de vontade à Energia Vital. Não é imaginação. Pode-se sentir a energia formigante por todo o corpo quando realizamos os exercícios do Yogoda.

Remédios podem ser usados para pequenas irritações cutâneas, feridas, cortes acidentais etc. Se você quebrou o braço, é tolice dar a Deus a função de unir seu osso fraturado quando um médico (um filho de Deus) pode consertá-lo com o uso de sua habilidade e do conhecimento das próprias leis de Deus aplicadas à matéria. Se você for capaz de curar instantaneamente seu osso quebrado pelo poder da mente, isso seria aceitável, mas não há necessidade de esperar para ser capaz de fazer isso.

A matéria não existe da maneira como geralmente a concebemos, mas existe como uma *ilusão*. Dissipar a ilusão requer um método definido. Você não pode curar um viciado em drogas do seu vício de um momento para o outro. A consciência material atrai o homem por meio da lei da ilusão e a consciência material só pode ser dissipada seguindo a lei oposta, a lei que desfaz a ilusão.

O médico radical e o curandeiro mental são ambos extremistas. Eles estão errados porque traçam uma linha divisória entre matéria e Espírito. O Espírito, por meio de uma série de processos de materialização, torna-se matéria. Assim, a matéria procede do espírito e não pode ser diferente dele, que é sua causa. A matéria é uma expressão parcial do Espírito – o Infinito se manifesta como finito, o Ilimitado se manifesta como limitado. Mas, considerando que a matéria nada mais é do que o espírito em sua manifestação ilusória, ela não pode existir sem o Espírito. Assim o Espírito existe, e a matéria não.

Consciência e vibração

A CONSCIÊNCIA E A MATÉRIA vibratória são as duas naturezas de um Espírito indivisível e não manifesto. A diferença entre consciência e matéria é relativa. A primeira é uma vibração mais profunda e a segunda é uma vibração mais grosseira do Espírito Transcendental.

O Espírito é a primeira causa da criação vibratória. Os processos de consciência subjetiva, cognitiva e objetiva não existem no Espírito. O conhecedor, o conhecimento e as coisas conhecidas são espiritualmente uma coisa só. Pela criação, o Espírito, até então não manifesto, manifesta duas naturezas – uma é a *consciência* e outra a *vibração*. A consciência é a manifestação da natureza subjetiva do Espírito, enquanto a vibração é a manifestação da natureza objetiva do espírito. Em uma fase, o Espírito aparece como o universo da matéria vibratória *objetiva*, com seus bilhões de unidades de Energia Vital, átomos, moléculas, gases, líquidos, sólidos etc. A outra fase do Espírito é o seu potencial de imanência nessa matéria vibratória concretizada, como Consciência Cósmica. A Consciência Cósmica se manifesta como consciência humana individualizada, com todas as suas incontáveis ramificações de pensamentos, sentimentos, vontade, imaginação etc.

∽

Diferença entre matéria e espírito

DO PONTO DE VISTA METAFÍSICO, a diferença entre matéria e espírito consiste na *velocidade de vibração*. É uma diferença de grau, não de tipo. Esse ponto é ilustrado pelo fato de que, embora todas as vibrações sejam qualitativamente semelhantes, as vibrações de 16 a 60 mil são grosseiras e são audíveis pelo sentido físico da audição. Vibrações abaixo de 16 ou acima de 60 mil não podem ser registradas pelo tímpano. A vibração da consciência é tão sutil e tão poderosa que não pode ser detectada por nenhum instrumento físico. Somente a consciência pode compreender a consciência. Somente seres humanos conscientes podem detectar vibrações conscientes de outros seres humanos. Aqueles que vivem em um determinado cômodo imprimem uma força vibratória àquele local que pode ser sentida por outras pessoas.

A sutileza da vibração da consciência e o modo grosseiro da vibração da matéria são apenas superficialmente diferentes e diferem apenas em grau. No entanto, são tão distintas e especificamente diferentes por conta da força vibratória do espírito que, para a consciência humana, parecem ser de fato distintas, tanto em espécie como em grau. A consciência é conhecida como uma força mais sutil, existindo dentro de um revestimento de força vibratória mais grosseira, chamada de matéria. Ou pode-se dizer que a consciência é a primeira vibração do Espírito e que a matéria é o resultado da vibração mais grosseira da consciência. O ego conhece a consciência diretamente. Ele conhece a matéria (por exemplo, o corpo) apenas indiretamente, *por meio* da consciência (sensação, percepção e concepção).

Há um equívoco muito grande na mente humana sobre a unidade que existe entre matéria e consciência. Ver um corpo vivo e um corpo morto lado a lado torna o homem consciente da ilusão e da diferença entre corpo e consciência. Quando um homem vê um corpo morto (sem consciência) e um corpo vivo (com consciência), começa a raciocinar sobre a diferença radical entre corpo e consciência. Ele não se lembra de que a visão de um corpo morto e a de um corpo vivo podem ser produzidas pelo poder sustentado de uma alucinação ou em um estado de sonho da consciência humana. Na vida, eles são produzidos pelo poder de Maya, Ilusão ou Mundo da Ilusão.

Corpo e consciência criados pelo homem no estado onírico

NO ESTADO ONÍRICO, UM homem adormecido pode encontrar-se caminhando alegremente em um belo jardim. Então, de repente, vê o cadáver de um amigo. Ele fica aflito, chora, tem dores de cabeça, sente seu coração palpitar. Ou, talvez, de repente, uma tempestade sopre e ele fique encharcado pela chuva e com frio. Ele acorda e ri de sua experiência onírica ilusória. Qual é a diferença entre a experiência do homem adormecido sob a influência de um sonho (experiências da matéria e experiências da consciência) e a experiência de seu estado de vigília? A consciência da matéria e a consciência da consciência estão presentes em ambos os casos. O homem adormecido cria matéria e consciência em seu sonho.

Mundo da ilusão

SE TAL CRIAÇÃO ILUSÓRIA é possível para a consciência humana, então não é difícil imaginar o que seria capaz de criar a infinitamente poderosa Consciência Cósmica, ou Espírito, pelo poder de Maya, Ilusão ou Mundo da Ilusão. O Espírito pode criar um sonho um pouco mais permanente na consciência humana. Dessa forma, somos levados a sentir a diferença relativamente permanente (e paradoxal) entre matéria e consciência.

Aqueles que buscam saúde ou felicidade (ou que temem a doença, a morte ou o sofrimento) estão trabalhando sob a falsa convicção de que a saúde é diferente da doença, de que a vida é diferente da morte, de que o sofrimento é diferente da alegria. O homem está sonhando com essas dualidades, mas, quando desperta, descobre que essas coisas eram apenas um sonho, uma ilusão de sua consciência sonhadora. Quando o homem percebe sua verdadeira natureza, as dualidades desaparecem, toda falta é vista como ilusória e todo desejo desaparece.

Para aqueles que não alcançaram essa Consciência Cósmica, é inútil enfatizar a importância da ajuda médica

– ou ignorá-la totalmente; ou enfatizar a importância da ajuda mental – ou ignorá-la totalmente. A superioridade do poder de cura da mente sobre as drogas é inegável. Ainda assim, o poder limitado de cura das ervas e drogas também não pode ser negado. Não há necessidade de desprezar todos os métodos físicos de cura se empregarmos a ajuda da mente, pois eles são o resultado da investigação das leis materiais de Deus.

Ponto de unificação das curas médicas e mentais

A MAIORIA DAS PESSOAS ACREDITA apenas na cura médica ou na cura mental, e ignoram o ponto de unificação onde ambos os métodos coexistem. As leis médicas não podem contradizer as leis mentais, pois a lei material é simplesmente uma projeção da lei espiritual. Portanto, a lei material reage à lei espiritual e, assim, a medicina é mais limitada e menos livre do que sua fonte. Por isso a cura mental tem escopo e eficácia mais amplos do que a medicina, uma vez que a cura médica é a materialização grosseira da cura mental.

O uso de medicamentos e drogas não pode ser dispensado enquanto existir a consciência material do corpo. Assim que essa consciência material começa a diminuir, a crença nas drogas desaparece e todo o sofrimento corporal passa a ser visto como algo que tem sua raiz no aspecto mental.

Meu mestre nunca disse que as drogas eram inúteis, mas ele treinou e expandiu tanto a consciência de seus alunos que eles não confiavam em remédios e usavam apenas o poder da mente para se curarem. Algumas pessoas, tanto no Oriente como no Ocidente, negam fanaticamente a matéria e a medicina, mas estão tão absortas na carne que acreditam que não sobreviveriam se deixassem passar uma refeição. É incoerente negar a existência de matéria se você saboreia todos os dias um bife na hora do almoço. Somente no estado de percepção em que corpo e mente, morte e vida, doença e saúde parecem totalmente ilusórios é que podemos dizer que não acreditamos mais na medicina, alimentos, cirurgias ou na existência da matéria.

O perigo da negação cega da matéria

ENSINAR A INEXISTÊNCIA DA matéria para alguém que está sonhando e absorto na matéria é impossível, perigoso e trata-se de puro fanatismo. Existe uma lei psicológica e científica profundamente arraigada que governa a formação e a quebra da ilusão da matéria. Não se pode banir a ilusão pela imaginação e por crenças fanáticas. Isso só pode ser feito pelos métodos de *concentração* psicofísica, que gradualmente e de maneira consciente desengajam e liberam a alma de sua identificação com a consciência material, por meio de certos estágios definidos de realização, em um processo que se dá passo a passo.

As pessoas com consciência material, que creem fortemente no corpo grosseiro, precisam ser treinadas aos poucos para deixar sua dependência de remédios e auxílios materiais para que possam ser ensinadas e comecem a confiar mais no auxílio da mente e na natureza imortal da consciência. Converter pessoas com consciência material em fanáticos metafísicos não é produtivo. Na verdade, isso pode ser muito arriscado, pois um mal-entendido leva a outro. Elas não compreendem de maneira adequada as leis materiais de Deus, que a ciência médica parcialmente descobriu e aplicou (e que esses fanáticos metafísicos negam de maneira grosseira, enganando a si mesmos). Dessa forma, essas pessoas também acabam não compreendendo de forma correta as leis sistemáticas e científicas da mente, e ficam presas às ideias de um grupo de pessoas equivocadas ou no dogmatismo do seu grupo religioso. Elas seguem uma ideia cegamente, sem satisfazer o lado racional e lógico de sua natureza. A verdade satisfaz todas as partes da natureza do homem e não incluiu fatores inconsistentes que podem resultar em desarmonia. A verdade sabida por um homem prevalecerá, ao passo que o erro compartilhado por todo o resto da humanidade deverá ser rejeitado.

O corpo como vibração materializada

O CORPO É VIBRAÇÃO MATERIALIZADA pela combinação de sólidos, líquidos e gases. Abaixo dos estratos da carne está a vibração da corrente vital, presente como energia fluida. Abaixo da corrente vital está a vibração da consciência humana sutil, que permanece, por causa da ignorância, isolada da Consciência Cósmica. Não existe mudança nem morte na Consciência Cósmica, mas a consciência humana está sujeita a mudanças e limitações. O processo para libertar a mente consiste em treiná-la por meio de afirmações, concentração, Yogoda etc. Dessa forma, a mente pode gradualmente desviar sua atenção das vibrações do corpo grosseiro (e das mudanças que o acompanham, como morte, doença etc.) para sentir a vibração mais sutil e estável da Energia Vital e da consciência. A partir daí, passamos a vivenciar a Consciência Cósmica, onde não há consciência de mudança (morte, vida, saúde, doença etc.) e onde reina apenas uma consciência imutável de bem-aventurança.

A prática das afirmações

Os diferentes estados dos cânticos

A AFIRMAÇÃO DEVE SER PRATICADA com uma alta entonação, e seu tom deve ser reduzido gradualmente até chegar a um sussurro. Mas deve, acima de tudo, ser praticada com atenção e devoção. Levamos assim o pensamento do sentido auditivo para a mente consciente ou compreensiva, depois para a mente subconsciente ou automática e depois para o superconsciente, mantendo total convicção em sua eficácia. Para aqueles que acreditam, essas afirmações os curarão – e o Yogoda os ensinará a prevenir doenças para sempre e também a curá-las.

Os pontos abaixo mostram a ordem dos vários estados consecutivos dos cânticos:

- Consciente, Cântico Alto
- Cântico Sussurrado
- Cântico Mental
- Cântico Subconsciente
- Cântico Superconsciente

O cântico subconsciente torna-se automático, mantendo-se na consciência interna. O cântico superconsciente ocorre quando as vibrações internas profundas do canto são convertidas em realização e são estabelecidas nas mentes superconsciente e subconsciente, bem como na mente consciente. O cântico superconsciente compreende manter a atenção ininterruptamente na verdadeira Vibração Cósmica, e não em qualquer som imaginário.

⁂

Superconsciência não é o mesmo que inconsciência

UM PONTO MUITO IMPORTANTE para se ter em mente é que, ao passar de um estado de canto para outro, a atitude da mente também deve ser alterada e se tornar mais profunda e concentrada. O objetivo é unificar quem recita, o cântico e o processo de cantar em uma só coisa. A mente deve mergulhar em um estado consciente mais profundo – NÃO INCONSCIENTE, de distração ou sono – mas em um estado de concentração, de consciência absoluta, para o qual todos os pensamentos são sugados e fundidos, como partículas atraídas por um ímã irresistível.

Centros fisiológicos

DURANTE AS DIFERENTES AFIRMAÇÕES, deve-se observar os centros fisiológicos para os quais a atenção deve ser direcionada. O coração é o centro dos *sentimentos*. A medula oblonga* é a fonte de *energia*. E a *força de vontade* procede do ponto no centro da testa. A atenção é direcionada inconscientemente para esses centros. Por exemplo, quando *sentimos*, a atenção está centrada no coração — nós sentimos e percebemos o coração mais que qualquer outra parte do corpo. Devemos sempre cultivar um poder consciente sobre a direção da atenção, para esses centros: de pensamentos, vontades e sentimentos.

Acima de tudo, o melhor método de cura é a fé absoluta e inquestionável em Deus, ou em Seus verdadeiros devotos. É melhor morrer tentando despertar essa fé do que morrer com boa saúde, mas com absoluta confiança na medicina ou na matéria.

---

* Também chamada de bulbo raquidiano, *medula oblongata* ou simplesmente bulbo. É a porção inferior do tronco encefálico que, juntamente com outros órgãos, como o mesencéfalo e a ponte, estabelece comunicação entre o cérebro e a medula espinhal. (N. do T.)

As afirmações a seguir, se forem repetidas com compreensão e devoção, ajudarão muito os grupos e os indivíduos a entenderem gradualmente os mecanismos de funcionamento do corpo humano. Os indivíduos devem se aprofundar no significado interno das afirmações. Devem ler e compreender o diálogo entre Espírito e a matéria e revisar esse conceito várias vezes.

∽

O valor de diferentes métodos de cura

NOSSO FOCO DEVE ESTAR na prevenção das doenças. Toda a nossa concentração deve ser direcionada para essa importante questão. Muitos já estão sofrendo porque quebraram as leis espirituais, mentais ou físicas da vida. Muitos mais continuarão a infringir essas leis, mesmo sabendo disso. Portanto, é importante e necessário considerar o valor relativo dos diferentes métodos de cura de doenças físicas.

A medicina emprega apenas agentes físicos para curar e por isso tem um escopo de ação muito limitado. As curas psicofísicas e mentais têm uma aplicação mais ampla nas doenças. Mesmo o médico mais materialista reconhece o efeito da mente sobre a doença e fica mais seguro da sua capacidade de curar quando seu paciente "tem fé" nele.

A autossugestão e as afirmações de força de vontade são métodos inconscientes para estimular a Energia Vital. Entretanto, métodos de cura puramente mentais não trabalham de maneira consciente com a Energia Vital e são usados sem que se estabeleça uma conexão fisiológica. Portanto, eles não são eficazes em todos os tipos de doença. Se a vontade consciente e a Energia Vital estiverem conectados e se unirem, os resultados serão muito melhores. Mas a cura é certa se os métodos psicofísicos – juntamente com a força de vontade, a fé e a razão – forem combinados para direcionar a Energia Vital e alcançar a superconsciência. O conhecimento da unidade inerente e inseparável da matéria e do espírito resolve todos os problemas relativos às doenças.

Instruções para a prática individual ou em grupo

HORÁRIO: (PARA A PRÁTICA *individual*) imediatamente após o despertar, pela manhã, ou durante o período de sonolência que antecede o sono, à noite.

(*Para a prática em grupo*) Qualquer horário conveniente.

LOCAL: um ambiente totalmente silencioso, ou o mais silencioso possível. Se as afirmações tiverem que ser realizadas em um lugar barulhento, simplesmente ignore a interferência e foque sua atenção no exercício, com devoção.

MÉTODO: antes de dar início à prática, liberte a mente de todas as preocupações e inquietações. Escolha sua afirmação e repita-a primeiro em voz alta, depois em um tom mais baixo e mais lenta, até que se torne um sussurro. Então, gradualmente, faça-a apenas mentalmente, sem nem mesmo mover a língua ou os lábios. Siga afirmando mentalmente, até sentir que se fundiu em uma concentração profunda e ininterrupta – não inconsciente, mas em um pensamento consciente, contínuo e ininterrupto.

Se você continuar a fazer sua afirmação mental e se aprofundar ainda mais nela, experimentará uma intensa e crescente sensação de alegria e paz. Durante a concentração profunda, sua afirmação se fundirá no fluxo subconsciente, retornando mais tarde reforçada pelo poder de influenciar sua mente consciente por meio da lei do hábito. Enquanto vivencia uma paz cada vez maior, sua afirmação se aprofunda no reservatório superconsciente, retornando mais tarde carregada com poder ilimitado, capaz não apenas de influenciar sua mente consciente, mas também de realizar seus desejos. Não duvide, e você testemunhará o milagre dessa fé científica.

Durante as afirmações em grupo para a cura de doenças físicas ou mentais, em si mesmo ou nos outros, deve-se tomar cuidado para fazê-las com um tom, força mental e concentração uniformes, e um sentimento de fé e paz também homogêneo e uniforme. Mentes mais fracas reduzem a força da união resultante dessas afirmações e podem até mesmo desviar esse fluxo de força de seu destino, que é o superconsciente. Para que isso não aconteça, não faça nenhum movimento corporal nem fique mentalmente inquieto ou perturbe quem estiver próximo a você. Mas ficar imóvel não é o suficiente, você deve se lembrar que sua concentração ou inquietação afetará, de maneira favorável ou desfavorável, o resultado final da prática.

As sementes de afirmação apresentadas a seguir estão repletas de inspiração da alma. Elas devem ser regadas por sua fé e concentração e semeadas no solo da paz superconsciente para que se estabeleçam vibrações móveis internas que ajudarão na germinação desejada.

Há muitos processos envolvidos entre o momento do plantio da semente de afirmação e sua frutificação. Todas as condições para o crescimento devem ser seguidas para se obter o resultado desejado. A semente de afirmação deve ser viva e isenta das impurezas da dúvida, da inquietação ou da desatenção. Deve ser semeada na mente e no coração das pessoas com fé, concentração, devoção e paz. Deve ser regada com repetições profundas e revigoradas.

Sempre evite a repetição mecânica. Esse mandamento é encontrado na bíblia: "Não tomarás em vão o nome do Senhor teu Deus". Repita as afirmações com *firmeza*, *intensidade* e *sinceridade* – até que tal poder seja controlado até o ponto em que um comando, um forte impulso de si mesmo seja o suficiente para mudar as células do seu corpo ou mover sua alma para a realização de milagres.

Regras preliminares a serem observadas antes das afirmações

1. **SENTE-SE** virado para o norte ou para o leste.
2. **FECHE** os olhos, concentrando sua atenção na medula oblonga (a menos que tenha sido orientado de outra forma). Mantenha a coluna ereta, o peito aberto, o abdômen contraído. Relaxe completamente. Respire e expire profundamente três vezes.
3. **RELAXE** o corpo e mantenha-o imóvel. Esvazie a mente de toda a inquietação, removendo todas as sensações de peso corporal, temperatura, sons etc.
4. **PREENCHA** sua mente com devoção e força de vontade. Sinta a devoção no coração. Sinta a vontade e o desejo em seu centro fisiológico de geração de energia, entre as sobrancelhas. Elimine toda ansiedade, desconfiança e preocupação. Perceba calmamente que a Lei Divina só funciona e tem poder absoluto quando você não a atrapalha com dúvidas ou descrença. A fé e a concentração lhe

permitem fazer as afirmações sem qualquer obstrução. Mantenha presente o pensamento de que todos os estados corporais são mutáveis e curáveis, e que a consciência de que algo pode ser crônico é uma ilusão.
5. **ESQUEÇA** o que você quer curar.
6. **NAS AFIRMAÇÕES EM GRUPO**, a pessoa que lidera o processo deve ler a afirmação em pé e de maneira ritmada. Os demais devem repetir em seguida, no mesmo ritmo e com a mesma entonação.

Afirmação geral de cura

EM CADA ALTAR DE sentimento
Vontade e pensamento
Tu estás sentado
Tu estás sentado.
És todo sentimento, vontade e pensamento.
És tu que os guia,
Deixe que te sigam, deixe que te sigam
Deixe-os ser como Tu és.

No templo da consciência
Ali estava a Luz – a Tua Luz.
Eu não a via, agora a vejo
O templo é luz, o templo é íntegro.
Eu dormi e sonhei com o templo em ruína
Envolto pelo medo, preocupação, ignorância,
Eu dormi e sonhei com o templo em ruína
Envolto pelo medo, preocupação, ignorância.
Mas tu me acordaste
Mas tu me acordaste
Teu Templo está de pé
Teu Templo está de pé.

Eu quero adorar-Te
Eu quero adorar-Te
No coração
Na estrela do céu
Em cada célula do corpo eu te amo
Em cada elétron eu brinco contigo.
Eu desejo adorar-Te
No corpo, nas estrelas, nas nebulosas de poeira estelar
Tu estás em todos os lugares, em todos os lugares
Eu Te adoro.

Tua Vontade Celestial
Como minha vontade humana
Brilha, brilha
Em mim, em mim, em mim, em mim.
Eu não direi que é Tua Vontade
Que estou errado ou estou doente
Mas é minha vontade, separada da Tua,
Que me prende, que não me torna livre.
Eu vou desejar, eu vou,
vou trabalhar, vou buscar
Não conduzido pelo Ego, mas por Ti
Mas por Ti, mas por Ti
Vou trabalhar, usar minha força de vontade.
Mas unir minha vontade
Com Tua própria vontade, com Tua própria vontade.

Faz de nós, ó Pai, criancinhas
Assim como as que estão em Teu Reino.
Teu amor em nós é perfeição
Assim como Tu és integro, nós também somos santos.
No corpo e na mente, somos saudáveis
Assim como Tu és, assim como Tu és.
Pois Tu és perfeito
E nós somos Teus filhos.

Tu estás em todos os lugares
E onde quer que estejas, a perfeição está lá
Tu estás entronizado no altar de minhas células
Tu estás em todas as células do meu corpo
Elas por isso gozam de saúde, elas são perfeitas
Elas por isso gozam de saúde, elas são perfeitas.
Faz-me sentir que tu estás lá
Em todas elas, em todas elas,
Faz-me sentir, elas são perfeitas
Em cada uma e em todas elas, em cada uma e em todas elas.

Vida da minha vida, Tu és integro
Tu estás em toda parte,
No meu coração, no meu cérebro
Nos meus olhos, no meu rosto
Em meus membros, em tudo.

Tu moves meus pés,
Eles estão sadios, eles estão sadios.
Minhas panturrilhas e coxas
Elas estão sadias, pois Tu estás ali.
É Tu quem dá força às minhas coxas
Para que eu não caia, para que eu não caia.
Elas são sadias, pois Tu estás ali
Elas são sadias, pois Tu estás ali.

Você está na minha garganta
Mucosa, abdômen
Tudo brilha contigo
Tudo está bem, pois Tu estás ali.
Na minha coluna tu brilhas
Ela está sadia, está sadia.
Em meus nervos Tu fluis
Eles estão sadios, eles estão sadios.
Em minhas veias e artérias
Tu flutuas, Tu flutuas,
Elas gozam de saúde, elas estão sadias.
Tu és fogo no meu estômago
Tu és fogo em meus intestinos
Eles estão sadios, eles estão sadios.

Assim como Tu és meu
Então também eu sou teu.

Tu és perfeito
Tu és eu, Tu és eu.
És meu cérebro,
Ele brilha, é sadio,
Goza de saúde, ele está sadio, está sadio.

Deixe minha imaginação fluir livremente
Deixe minha imaginação fluir livremente.
Eu estou doente quando penso que assim estou
Estou saudável quando penso que assim estou,
A cada hora, todos os dias
No corpo, na mente, em todos os sentidos
Eu sou saudável, eu sou feliz
Eu sou saudável, eu sou feliz.

Sonhei que estava doente,
Acordei e ri quando percebi que estou bem.
Encharcado de lágrimas
De alegria, não de tristeza,
Descobrir que sonhei com a doença.
Pois estou saudável, estou bem.

Deixe-me sentir
Tua amorosa vibração, Tua amorosa vibração.
Tu és meu Pai
Eu sou Teu filho

Bom ou impertinente
Eu sou Teu filho.
Deixe-me sentir Tua vibração de saúde
Deixe-me sentir a vontade de Tua sabedoria.
Deixe-me sentir a vontade de Tua sabedoria.

∽

Afirmações curtas

O **PODER DE DEUS ESTÁ** presente em cada célula do meu corpo. Estou bem, física, mental e espiritualmente, pois Deus está dentro de mim.

⚘

Vou curar meu corpo recarregando-o com Energia Cósmica. Vou curar a mente por meio da concentração e de sorrisos. Vou curar minha alma pela intuição nascida da meditação. Permitirei que o reino de Deus, que está dentro de mim, se manifeste.

⚘

Eu sou Teu filho. Eu sou sábio. Tu és feliz. Eu sou Teu filho. Portanto, sou uma criança feliz. Amado Deus, Tu tens tudo. Eu sou Teu filho. Eu tenho tudo. Tu és poder. Eu sou poder. Tu estás sempre bem. Eu estou bem, estou bem. O poder de cura do Espírito está fluindo através de todas as células do meu corpo. Eu sou feito da única substância universal, eu sou feito de Deus.

༄

O poder ilimitado e de cura de Deus está em mim. Sua luz se manifesta através da escuridão da minha ignorância. Onde quer que esta luz de cura se manifeste, há perfeição. Portanto, a perfeição está em mim.

༄

Mãe Divina, Tu és invisível, mas Tua energia flui através dos raios de sol. Minhas veias estão cheias de Teus raios invisíveis, tornando-me forte e incansável. Contemplarei Teus raios de amor protetivo em todos os lugares e atividades da minha vida. O que receber, vou compartilhar com os outros.

༄

Hoje vou me elevar à consciência da saúde. Hoje vou despertar para a esfera do autoconhecimento.

༄

Mãe Divina, as células do meu corpo são feitas de luz, minhas células carnais são feitas de Ti. Elas são perfeitas, pois Tu és perfeita; elas são saudáveis, pois Tu és saudável.

Elas são espírito, pois Tu és espírito, elas são imortais, pois Tu vives.

✦

Tua corrente cósmica flui em mim, flui em mim, através da minha medula espinhal flui em mim, flui em mim. Eu penso e desejo que a corrente flua em todo meu corpo. Que a corrente flua em todo meu corpo. Estou recarregado, estou curado, estou recarregado, estou curado. A luz passa por mim. Estou curado, estou curado.

✦

Querido Senhor, beberei vitalidade das fontes do brilho do Sol, beberei paz da fonte prateada das noites enluaradas, beberei Teu poder da força dos ventos. Beberei Tua consciência de todos os copinhos de meus pensamentos, beberei a tua alegria da minha alegria. Eu beberei Tua felicidade em meus pensamentos bem-aventurados.

✦

Afirmação do pensamento

Concentre seu Pensamento na testa e repita o seguinte:

PENSO QUE MINHA VIDA flui.
Sei que minha vida flui.
Do cérebro para todo meu corpo, ela flui.
Disparos de raios de luz
Atravessam minha pele.
A Vida flui através das minhas vértebras
Como fonte borbulhante, correm pela coluna vertebral
Todas as pequenas células do meu corpo estão bebendo
Suas pequenas bocas estão brilhando.
As pequenas células estão bebendo,
Suas minúsculas bocas estão brilhando.

Afirmação da força de vontade

Concentre a Força de Vontade na medula oblonga e no ponto entre as sobrancelhas e repita o seguinte, primeiro em voz alta e depois gradualmente baixando o tom, até que se torne um sussurro:

EU DESEJO RECARREGAR MINHA vida
Com vontade divina vou recarregá-la
Através de meus nervos, músculos e todo o resto,
Meus tecidos, membros e todo o resto.
Com o fogo vibrante e estremecendo
Com seu poder jubiloso e ardente
No meu sangue e em minhas glândulas
Por meu comando soberano
Te ordeno que flua
Por meu comando
Te ordeno que brilhe
Por meu comando
Te ordeno que brilhe

Guia para o desenvolvimento e orientação correta da razão para curar a inteligência esgotada

1. **LEIA**, faça anotações e digira a leitura internamente.
2. **PROPÓSITO** para as coisas boas.
3. **ADOTE** o melhor plano que você conseguir determinar a si mesmo por meio do exercício da razão.
4. **SE VOCÊ LER** por uma hora, escreva por duas horas e reflita por três horas. Essa proporção deve ser observada com o objetivo de cultivar o exercício da razão.
5. **OBEDEÇA** às leis mentais dadas a você por Deus para desenvolver sua razão.
6. **SE ESSAS** afirmações forem proferidas com a força da alma, permitirão o desenvolvimento de sua inteligência inata, que os psicólogos[*] modernos afirmam ser limitada e incapaz de expansão.

---

[*] Atualmente é comprovada plasticidade cerebral (neuroplasticidade) e na nossa capacidade de aumentar o QI por meio de exercícios e meditação. (N. do T.)

7. **OBEDECENDO** às leis materiais e acreditando que elas são controladas por uma lei espiritual superior, é possível elevar-se acima das leis materiais e ser totalmente guiado pela lei espiritual. Essa superioridade transcendental das leis espirituais sobre as leis materiais não pode ser percebida por quem pensa que pode superar as leis materiais negando grosseiramente sua existência e agindo contra elas.

Afirmação da razão

Concentre-se na região interna do seu crânio, sinta o peso do cérebro, e repita essa afirmação:

NAS CÂMARAS DA SABEDORIA
Tu vagueias.
Tu és a razão em mim.
Oh Tu vagueias e despertas
Cada célula pequenina e preguiçosa do meu cérebro
Para receber, para receber ali
O bem que vem da mente e dos sentidos
O conhecimento que vem de Ti.
Eu mesmo pensarei, eu mesmo raciocinarei.
Não Te incomodarei ao pensar,
Mas Tu me guias, quando minha razão errar,
Levando-a corretamente à meta final.

Afirmações curtas

DEUS ESTÁ POR TRÁS da minha razão hoje e todos os dias. Ele sempre me guia para que eu faça a coisa certa.

⚜

Eu sei que meu pensamento me trará fracasso ou sucesso, seja qual deles que eu cultivar com mais força. Portanto, farei o meu melhor e lembrarei que Deus está me ajudando.

⚜

Não limitarei meus pensamentos. Eu sou vida, inteligência, saúde, alegria, paz e poder. Esta é a verdade essencial do meu ser, e tentarei expressar completamente essas qualidades.

⚜

Tenho dentro de mim o poder e a inteligência de que preciso para enfrentar todos os problemas deste dia. Eu viverei hoje em perfeita fé, invocando este poder quando for necessário.

※

Ouvirei os sussurros de Deus no templo da minha consciência. Ele fala comigo por meio dos meus pensamentos sagrados. Ouvirei Sua voz orientadora no templo do meu silêncio diário. De pé, ao sol, sentirei Seus raios vivificantes me acariciando, derramando vida em todas as células do meu corpo.

※

Neste dia estabelecerei a bondade no altar de todas as minhas atividades. Contemplarei a bondade glorificada no altar de cada alma.

※

Hoje acolherei todas as dificuldades da vida com bom grado porque sei que dentro de mim está a inteligência para compreender e o poder para superá-las.

※

Afirmação de sabedoria

Ó PAI Divino, Ó Mãe Divina
Ó Mestre meu, Ó Amigo divino
Eu vim sozinho e partirei sozinho
Só contigo, só contigo
Só contigo, só contigo.
Oh Tu fizeste um lar para mim
De células vivas, uma casa para mim.
Essa minha casa é a tua casa. Tua vida fez essa casa.
Tua força fez essa casa.
Tua casa é perfeita, Tua casa é perfeita.

Eu sou Teu filho, Tu és meu Pai;
Nós dois moramos, nós dois moramos
No mesmo templo,
Nesse templo de células
Oh, nesse templo de células.
Você está sempre aqui
Próximo ao meu altar palpitante.

Eu fui embora, eu fui embora
Brincando com a escuridão, brincando com o erro,
Uma criança malcriada, eu fui embora.
Para casa voltei trazendo escuridão
Para casa voltei apegado à matéria suja.
Você está perto, não posso ver
Tua casa é perfeita, não consigo ver.
Estou cego, Tua Luz está lá
É por minha culpa que não consigo ver
Oh, é por minha culpa que não consigo ver.
Abaixo da linha da escuridão
Tua Luz brilha
Tua Luz brilha.

Juntas, a Luz e as Trevas
Não podem estar, não podem estar.
Juntas, a sabedoria e a ignorância
Não podem estar, não podem estar.
Mande embora, afaste
A escuridão para longe
Afaste a escuridão.

As células do meu corpo são feitas de luz
Minhas células carnais são feitas de Ti
Elas são perfeitas, pois Tu és perfeito
Elas são saudáveis, pois Tu és saúde

Elas são Espírito, pois Tu também és
Elas são imortais, pois Tu és vida.

❧

Afirmações curtas

DEUS É A VIDA por trás do meu corpo, a inteligência por trás da minha mente, o amor por trás do meu sentimento, a sabedoria por trás da minha ignorância.

༄

Hoje, abolirei a ignorância entrando em contato com Deus.

༄

Por meio da meditação trarei a presença consciente de Deus à minha mente para resolver meus problemas dados por Deus. Usarei Sua vontade guiada pela sabedoria para dirigir minha vontade guiada pelos hábitos.

༄

Quando o sofrimento vier a mim, eu o observarei como um espectador. Vou me separar das minhas experiências. Vou me esforçar para obter paz e felicidade a todo custo.

※

Mãe Divina, orarei com insistência até ouvir Tua voz na hora do silêncio. A voz de Tua sabedoria vaga pelo éter de todas as mentes.

※

Existe uma solução certa para cada problema. Tenho dentro de mim a sabedoria e a inteligência para ver essa solução, e a coragem e a energia para seguir adiante.

※

Eu sei que cada dificuldade aparente é apenas um chamado para liberar o poder que já possuo. Ao expressar esse poder, fico mais forte e mais sábio.

※

A paz e o equilíbrio perfeitos serão meus hoje, enquanto concentro todo o meu poder e habilidade para expressar a vontade de Deus.

※

Hoje trocarei meu orgulho pela humildade, a ira pelo amor, a excitação pela calma, o egoísmo pelo altruísmo, o mal pelo bem, a ignorância pela sabedoria e a inquietação pela paz inefável adquirida na quietude do completo silêncio.

⁂

Todas as manhãs, de bom grado e com alegria, ofereço todo o meu ser – meu corpo, minha mente e qualquer habilidade especial ou talento que eu tenho – para ser usado pelo Criador Infinito da maneira que Ele quiser para expressar-se através de mim.

⁂

Afirmações de sucesso (para curar uma consciência fracassada)

O **SUCESSO VEM POR MEIO** da obediência das leis divinas e materiais. Tanto o sucesso material quanto o espiritual devem ser alcançados. O sucesso material consiste em suprir todas as necessidades da vida. A ambição pelo dinheiro deve ser utilizada para melhorar a sociedade, o país e o mundo. Ganhe todo o dinheiro que puder melhorando sua comunidade, país ou mundo, mas nunca faça isso agindo contra esse princípio.

Lembre-se: existem leis mentais, subconscientes e superconscientes para alcançar o sucesso e para combater o fracasso.

O método subconsciente para alcançar o sucesso é repetir as afirmações, de forma intensa e atenta, logo antes de dormir e logo depois de despertar.

Se você deseja a ajuda da Lei Divina ou do poder superconsciente, não pare de dedicar-se às suas afirmações conscientes nem confie plenamente em suas habilidades naturais. Use o esforço conscientemente, buscando e planejando o sucesso e lutando contra o fracasso. Ao mesmo tempo, sinta que a Lei Divina está ajudando-o para que você alcance seu destino com sucesso. Esse método estabelece uma conexão consciente com o Divino. Pense que, como filho de Deus, você tem acesso a todas as coisas que pertencem ao Pai. Não duvide. Quando quiser algo, jogue fora a noção de fracasso. Perceba que todas as coisas são suas. Hábitos subconscientes de ignorância e descrença em relação a essa lei nos privaram de nossa herança divina. Aqueles que desejam utilizar os recursos do suprimento divino devem destruir essa mentalidade errada, sendo necessário, para isso, esforço constante, repleto de confiança infinita.

Quando os métodos de sucesso consciente, subconsciente e superconsciente estão associados, certamente o sucesso será atingido. Tente de novo, não importa quantas vezes você tenha falhado.

Afirmação para o sucesso material

TU ÉS MEU PAI,
Sucesso e alegria.
Eu sou Teu filho,
Sucesso e alegria.

Toda a riqueza desta terra
Todas as riquezas do universo
Pertencem a Ti, pertencem a Ti.
Sou Teu filho
As riquezas da terra e do universo
Pertencem a mim, pertencem a mim
Oh, pertencem a mim, pertencem a mim.

Eu vivia em pensamentos de pobreza
E erroneamente imaginava que era pobre
Então era pobre.
Agora estou em casa e Tua consciência
Me faz rico, me faz rico.
Tenho sucesso, sou rico.
Tu és meu tesouro, sou rico, sou rico.

Tu és tudo, Tu és tudo.
Tu és meu.
Eu tenho tudo, eu tenho tudo
Eu sou próspero, sou rico.
Eu tenho tudo, tenho tudo
Eu possuo tudo e todas as coisas
Assim como Tu as tem, assim como Tu as tem.
Eu possuo tudo, eu possuo tudo.
Tu és minha riqueza
Eu tenho tudo.

Afirmações curtas

SIGO COM FÉ INABALÁVEL no poder onipresente de Deus para me trazer o que preciso, quando preciso.

※

A luz do sol da prosperidade de Deus acaba de romper o céu escuro das minhas limitações. Eu sou Seu filho. O que Ele tem, eu tenho.

※

O oceano da abundância de Deus flui através de mim. Eu sou Seu filho. Eu sou o canal pelo qual todo poder criativo divino flui.

※

Eu sei que tenho uma faísca de divindade em mim, então serei incansável em todas as minhas atividades e seguirei em frente, sabendo que o infinito poder criativo de Deus está me ajudando.

※

Hoje vou visualizar todas as coisas de que preciso e usarei constantemente minha força de vontade, minha capacidade criativa e minha paciência para materializá-las.

⁂

Mãe Divina, hoje plantarei no jardim da vida as sementes de meus esforços criativos. Plantarei sementes de sabedoria, saúde, prosperidade e felicidade. Vou regá-las com autoconfiança e fé e esperarei para que Tu me retribua com uma colheita abundante e tão necessária.

⁂

Eu sou o filho do Espírito Supremo. Meu Pai divino possui tudo. Tendo Ele, tenho tudo, pois possuo tudo o que Ele possui.

⁂

Sucesso espiritual

O SUCESSO ESPIRITUAL CONSISTE EM entrar em contato com a Consciência Cósmica de maneira consciente e manter a paz e o equilíbrio, independentemente dos eventos irremediáveis da vida, como a morte de pessoas queridas ou qualquer outra perda. No caso da perda de um ente querido pela lei da Natureza, você não deve sofrer, e sim agradecer a Deus por ter lhe dado o grande privilégio de cuidar, criar laços de amizade e manter sob sua responsabilidade um de Seus entes queridos. O sucesso espiritual vem a partir da compreensão do mistério de todos os eventos da vida. Ele chega quando olhamos para todas as coisas com alegria e coragem, com a percepção de que tudo está indo na direção de um objetivo mais elevado. A ignorância deve ser curada com o conhecimento.

Afirmação para o sucesso espiritual
(para curar a ignorância da alma)

TU ÉS SABEDORIA
E Tu sabes
És causa e o fim de todas as coisas.
Eu sou Teu filho
Eu quero conhecer o verdadeiro mistério da vida
O verdadeiro dever alegre da vida.
Teu conhecimento em mim deve mostrar
Todas as coisas que Tu sabes
Que Tu sabes.

Afirmações curtas

ENCONTRAREI A PRESENÇA DE Deus no altar da minha paz constante e na alegria que brota da meditação profunda.

⚜

Mãe Divina, sou grato por Teu maravilhoso presente de luz e amor. Serei sincero em pensamento, palavra e ação. Buscarei a felicidade pessoal fazendo os outros felizes. Eu fundirei meu pequeno eu no Eu de todos.

⚜

Tu és eu, Tu és eu, Tu és bem-aventurança, eu sou bem-aventurança, Tu és a paz, Tu és integro, eu sou integro, Tu és perfeito, a perfeição é minha, Tu és bem-aventurança, eu sou bem-aventurança, eu sou bem-aventurança, eu sou benção.

⚜

O elogio não me faz melhor, nem a acusação me faz pior. Sou o que sou diante da minha consciência e de Deus. Continuarei fazendo o bem a todos e Te agradando, pois assim encontrarei minha única verdadeira felicidade.

༄

Mãe Divina, eu Te obedecerei no templo da disciplina. Eu Te amarei no templo da devoção. Eu Te adorarei no templo do meu amor.

༄

Eu sou feito da substância Divina, pois essa é a única substância que existe. Portanto, eu sou Saúde; eu sou Sucesso; eu sou a Paz.

༄

Farei uma fogueira de todos os meus desejos, lançando-os na grande e sempre crescente chama do desejo de conhecer a Deus.

༄

Sei que o poder de Deus é ilimitado e, como sou feito à Sua imagem, também tenho o poder de superar todos os obstáculos da vida.

༄

Curando outros

NA CURA, A IMAGINAÇÃO, a força de vontade, a fé, a razão e os sentimentos estimulam a Energia Vital perturbada. Esse processo pode realmente eletrificar internamente as células do corpo doentes e restaurá-las à sua condição saudável original. Portanto, aqueles que desejam curar-se cientificamente devem conhecer as leis de visualização e controle dessa Energia Vital. Para curar outras pessoas, é preciso ter controle sobre sua própria Energia Vital. Ela projeta uma corrente no corpo do paciente que estimula e harmoniza sua Energia Vital perturbada pelo poder da força de vontade ou da imaginação. A cura não pode ser feita por acaso. Os grandes curandeiros conseguem observar as verdadeiras leis psicofísicas da natureza operando no corpo do paciente durante o processo de cura.

Afirmação para o sucesso psicológico

EU SOU CORAJOSO, EU sou forte.
Perfume de pensamentos de sucesso
Sopra em mim, sopra em mim.
Eu sou tranquilo, eu sou calmo
Eu sou doce, eu sou gentil
Eu sou amor, eu sou simpatia
Eu sou encantador e magnético,
Estou feliz com todos
Eu enxugo as lágrimas e acabo com todos os medos.
Não tenho inimigos
Embora alguns pensem que sejam.
Eu sou o amigo de todos.

Não tenho hábitos,
Ao comer, me vestir, me comportar
Eu sou livre, eu sou livre.
Eu te ordeno, ó Atenção,
Para vir e praticar a concentração
Nas coisas que faço, nas obras que faço.
Eu posso fazer tudo
Quando assim penso, quando assim penso.

Na igreja ou no templo, em clima de oração
Meus pensamentos divagam para longe de mim
E impedem minha mente de chegar a Ti
E impedem minha mente de chegar a Ti.
Ensina-me a controlar novamente, oh, a controlar novamente
Minha mente e meu cérebro condessados em matéria
Para que eu possa entregá-los a Ti,
Em oração e êxtase
Em meditação e devaneio.

Eu vou adorar a Ti
Em meditação
No seio da montanha, em reclusão.
Sentirei Tua energia
Fluindo pelas minhas mãos ativas.
Para que eu não te perca
Te encontrarei em minhas atividades.

Afirmação para os olhos

DE OLHOS FECHADOS, CONCENTRE-SE primeiramente na medula oblonga, depois sinta o poder da visão nos olhos fluindo pelos nervos ópticos até a retina. Concentre-se na retina. Dilate seus olhos e relaxe.

Vire os globos oculares para cima, depois para baixo, depois para a esquerda e depois para a direita. Em seguida, gire-os da esquerda para a direita e da direita para a esquerda. Fixe a atenção de seus olhos no ponto no meio da testa, imaginando que a Energia Vital flui e transforma ambos os olhos em dois holofotes. Esse exercício também é fisicamente benéfico para os olhos:

Eu vos ordeno
Ó raios dos céus,
Para que deslizem por meus nervos ópticos
E me mostrem a verdade, me mostre a verdade que
Sua Luz está lá
Sua Luz está lá.

Através dos meus olhos
Você espia
Tu espias.
Perfeitos e saudáveis são meus olhos.
Um acima* e dois abaixo
Três olhos, três olhos.
A luz passa através de você, pois Tu és invisível
A luz passa através de você, pois Tu és invisível.

Olhos de lótus, não chorem mais
Não chorem mais.
As tempestades não podem mais machucar tuas pétalas.
Venham logo e deslizem. como cisnes,
Na água alegre da felicidade
No lago pacífico da paz
Na hora da aurora da sabedoria.
Tua luz
Brilha através de mim
Através do passado, presente e futuro.

Eu ordeno que
Meus dois olhos
Sejam apenas um

---

* Olho espiritual.

Sejam apenas um
Para ver tudo e saber tudo
Para fazer meu corpo brilhar
Para fazer minha mente brilhar
Para fazer minha alma brilhar.

∽

Exercício físico para o estômago

ABAIXE-SE SEGURANDO OS BRAÇOS de uma cadeira. Expire completamente o ar do pulmão e contraia o estômago e o abdome (até o mais próximo possível da coluna vertebral). Em seguida, expanda-os enquanto inspira. Repita esses passos 12 vezes. Este exercício ajuda nos movimentos peristálticos do estômago e remove doenças.

Embora a superioridade da cura mental sobre a física seja inegável, esses poucos exercícios físicos inclusos neste livro beneficiam aqueles que desejam combinar os dois métodos.

Exercício para os dentes

COM OS OLHOS FECHADOS, cerre os dentes superiores contra os inferiores do lado esquerdo, em seguida os dentes superiores contra os inferiores do lado direito e depois faça o mesmo com os dentes frontais superiores e inferiores. Em seguida, cerre simultaneamente todos os dentes superiores e inferiores. Mantenha a pressão em cada um dos estágios por um a dois minutos, concentrando-se na "sensação de dentes cerrados" e tendo em mente que a energia de cura está vitalizando as raízes de todos os dentes e removendo todas as desarmonias.

Para regular a força sexual

ANTES DE SE DEITAR, à noite, limpe as mãos, os pés, as axilas, o umbigo, o rosto e todas as aberturas do corpo com uma toalha molhada. Faça isso regularmente.

Quando se sentir sexualmente excitado, inspire e expire profundamente. Repita o procedimento de 6 a 15 vezes e dirija-se rapidamente para o meio de um grupo de pessoas ou fique próximo de seus superiores.

> Através do pólen e do estame
> Tu crias flores puras.
> Por meio dos meus puros pais
> Meu corpo Tu trouxeste.
> Assim como Tu és o criador
> De todas as coisas boas
> Nós somos também.
> Ensina-nos a criar
> Na sacralidade, na santidade
> Ideias nobres ou almas nobres

Em santidade
Como precisa ser, como precisa ser.
Você é assexual
Somos assexuais, somos assexuais.
Tu nos criaste em pureza.
Ensina-nos a criar, na sacralidade,
Nobres pensamentos ou filhos feitos à Tua imagem.

∽

O corpo é como um jardim transbordante dos fascinantes frutos dos sentidos: do som, da visão, do paladar, do olfato e do tato. A divindade no homem o adverte contra o excesso de indulgência e na falta de moderação no uso de qualquer um desses frutos dos sentidos, mas especialmente contra o uso errado da maçã da força sexual, situada no centro deste Jardim do Éden corporal. Ao permitir que a serpente da curiosidade maligna, e a Eva, ou a fraca natureza feminina, o possuam, para que fique tentado a transgredir a lei da experiência sensorial regulada, o homem então é expulso de seu jardim de consciência e bem-aventurança e perde a alegria do autocontrole. O despertar não natural da consciência sexual traz a folha da figueira ou consciência do pecado e da vergonha. Os pais que desejam filhos devem ser particularmente cuidadosos em limitar sua atenção ao fim criativo e ignorar os meios para esse fim. O encanto da comunhão sexual não deve ser usado pelo homem para sua própria satisfação.

Para curar maus hábitos

1. **BONS HÁBITOS** são seus melhores ajudantes; potencialize sua força estimulando-os com boas ações.
2. **MAUS HÁBITOS** são seus piores inimigos. Contra a sua vontade, obrigam você a fazer as coisas que mais o machucam e prejudicam sua felicidade física, social, mental, moral e espiritual. Faça com que morram à míngua recusando-se a alimentá-los com más ações.
3. **A VERDADEIRA LIBERDADE** consiste em fazer coisas como comer, ler, ajudar os outros etc., de acordo com o julgamento correto, e não compelido por seus hábitos. Coma o que você deve comer e não necessariamente o que está acostumado a comer. Faça o que você deve fazer, e não o que seus hábitos impõe a você.
4. **TANTO OS BONS QUANTO OS MAUS HÁBITOS** levam algum tempo para se consolidarem. Maus hábitos poderosos podem ser substituídos

por bons hábitos opostos, se esses forem pacientemente cultivados.

5. **PRIMEIRO,** substitua todos os maus hábitos por bons hábitos. Então cultive a consciência de estar livre de todos os hábitos.

Afirmação de liberdade

Tu estás na lei,
Tu estás acima de todas as leis.
Eu sou Teu filho, eu amo Tua lei
Acima de todas as leis eu estou
Assim como Tu estás
Acima de todas as leis eu estou.

Ó hábito corajoso dos bons soldados,
Afaste os hábitos sombrios e obscuros
Afaste os hábitos sombrios e obscuros.
Eu sou livre, eu sou livre.
Não tenho hábitos, não tenho hábitos.
Eu vou fazer o que é certo, eu vou fazer o que é certo
Não comandado pelo poder dos hábitos.
Eu sou livre, eu sou livre
Não tenho hábitos, não tenho hábitos.

Afirmações curtas

VOU CORRER PARA O lar da liberdade, desejando nada mais do que o contato com Deus, que vem a nós por meio da paz da meditação.

∽

Ao acordar, comer, trabalhar, sonhar, dormir, servir, meditar, cantar e amar divinamente – minha alma vai cantarolar constantemente, sem ser ouvida por ninguém: Deus! Deus! Deus!

∽

Sei que existo, mas não sou o corpo. Eu penso, mas não sou o pensamento. Eu sou Espírito.

∽

Tua vida cósmica e eu somos um só. Tu és o Oceano, eu sou a onda. Somos um.

Hoje lembrarei que sou Espírito. Estou acima da respiração e da mente. Eu sou pura consciência, sempre em expansão. Eu sou o próprio amor.

Eu sou o filho abençoado da doce imortalidade enviado aqui para atuar na peça teatral de nascimentos e mortes, mas sempre lembrando do meu Eu imortal.

Eu amo a Deus acima de tudo. Vou voltar para Ele e me autorrealizar, ter liberdade e emancipação.

Sei que não sou meu corpo, nem o sangue, nem a energia, nem os pensamentos, nem a mente, nem o ego, nem o eu astral. Eu sou a alma imortal que a todos ilumina, permanecendo imutável apesar de minhas mudanças.

Eu sou uma faísca do Infinito. Eu não sou carne e osso. Eu sou Luz.